配有知识点和案例　　便于学习和理解

反电信网络诈骗法

学习宣传本

★双色大字本·普及本★

中国法制出版社
CHINA LEGAL PUBLISHING HOUSE

图书在版编目（CIP）数据

反电信网络诈骗法学习宣传本 / 中国法制出版社编
.—北京：中国法制出版社，2022.9
ISBN 978-7-5216-2827-2

Ⅰ.①反…　Ⅱ.①中…　Ⅲ.①电信-诈骗-预防犯罪-法律解释-中国②互联网络-诈骗-预防犯罪-法律解释-中国　Ⅳ.①D924.335

中国版本图书馆 CIP 数据核字（2022）第 146520 号

责任编辑：胡　艺　　　　封面设计：杨泽江

反电信网络诈骗法学习宣传本

FANDIANXIN WANGLUO ZHAPIANFA XUEXI XUANCHUANBEN

编者/中国法制出版社
经销/新华书店
印刷/保定市中画美凯印刷有限公司
开本/850 毫米×1168 毫米　32 开　　　　印张/ 1.5　字数/ 21 千
版次/2022 年 9 月第 1 版　　　　2023 年 10 月第 5 次印刷

中国法制出版社出版
书号 ISBN 978-7-5216-2827-2　　　　定价：15.00 元

北京市西城区西便门西里甲 16 号西便门办公区
邮政编码：100053　　　　传真：010-63141600
网址：http：//www.zgfzs.com　　　　编辑部电话：010-63141817
市场营销部电话：010-63141612　　　　印务部电话：010-63141606

（如有印装质量问题，请与本社印务部联系。）

出版说明

电信网络诈骗犯罪多发高发，严重危害人民群众利益和社会和谐稳定。犯罪分子利用新型电信网络技术手段，钻管理上的漏洞，利用非法获取个人信息、网络黑灰产业交易等实施精准诈骗，组织化、链条化运作，跨境跨地域实施，严重危害人民群众获得感、幸福感、安全感。《中华人民共和国反电信网络诈骗法》（以下简称《反电信网络诈骗法》）坚持以人民为中心，统筹发展和安全，立足各环节、全链条防范治理电信网络诈骗，精准发力，为反电信网络诈骗工作提供有力法律支撑。

《反电信网络诈骗法》于2022年9月2日第十三届全国人民代表大会常务委员会第三十六次会议通过，自2022年12月1日起施行。为便于学习和宣传《反电信网络诈骗法》，推进电信网络诈骗犯罪的前端防范、综合治理和源头治理，营造一个良好、有序的社会环境，特推出此学习宣传本。

本书具有如下特点：

一是配上了知识点和案例，以便更好地普及本法。

二是采用了大字版式，以便读者更好地学习和使用。

三是条文增加了条旨，以便读者更好地阅读和理解。

四是采用了双色印制，给读者带来更好的阅读体验。

目录

中华人民共和国反电信网络诈骗法

中华人民共和国反电信网络诈骗法

（2022年9月2日第十三届全国人民代表大会常务委员会第三十六次会议通过）

第一章　总　　则

第一条　【立法宗旨】为了预防、遏制和惩治电信网络诈骗活动，加强反电信网络诈骗工作，保护公民和组织的合法权益，维护社会稳定和国家安全，根据宪法，制定本法。

第二条　【概念】本法所称电信网络诈骗，是指以非法占有为目的，利用电信网络技术手段，通过远程、非接触等方式，诈骗公私财物的行为。

第三条　【管辖原则】打击治理在中华人民共和国境内实施的电信网络诈骗活动或者中华人民共和国公民在境外实施的电信网络诈骗活动，适用本法。

境外的组织、个人针对中华人民共和国境内实施电信网络诈骗活动的，或者为他人针对境内实施电信网络诈骗活动提供产品、服务等帮助的，依照本法有关规定处理和追究责任。

知识点：明确了本法的适用范围

由于电信网络诈骗涉及环节多、手段变化快、跨国有组织特征明显，因此，打击治理的难度很大。为此，本法规定了域外效力—— 基于保护管辖原则，规定“境外的组织、个人针对中华人民共和国境内实施电信网络诈骗活动的，或者为他人针对境内实施电信网络诈骗活动提供产品、服务等帮助的，依照本法有关规定处理和追究责任”（第三条第二款）。同时第三十七条规定，国务院公安部门等会同外交部门加强国际执法司法合作，与有关国家、地区、国际组织建立有效合作机制，通过开展国际警务合作等方式，提升在信息交流、调查取证、侦查抓捕、追赃挽损等方面的合作水平，有效打击遏制跨境电信网络诈骗活动。

第四条 【基本原则】反电信网络诈骗工作坚持以人民为中心，统筹发展和安全；坚持系统观念、法治思维，注重源头治理、综合治理；坚持齐抓共管、群防群治，全面落实打防管控各项措施，加强社会宣传教育防范；坚持精准防治，保障正常生产经营活动和群众生活便利。

知识点：强化了属地管控综合治理

电信网络诈骗违法犯罪具有地域性特点。电信网络诈骗违法犯罪窝点集中的地区往往涉诈黑灰产业泛滥，行业治理问题突出。加强犯罪源头地综合整治是打击治理电信网络诈骗违法犯罪的关键一招。要加强犯罪源头地综合整治，及时发现、铲除犯罪窝点，建立线索推送、举报渠道，清除本地涉诈黑灰产业。

第五条 【保密义务】反电信网络诈骗工作应当依法进行，维护公民和组织的合法权益。

有关部门和单位、个人应当对在反电信网络诈骗工作过程中知悉的国家秘密、商业秘密和个人隐私、个人信息予以保密。

第六条 【反电信网络诈骗工作机制】国务院建立反电信网络诈骗工作机制，统筹协调打击治理工作。

地方各级人民政府组织领导本行政区域内反电信网络诈骗工作，确定反电信网络诈骗目标任务和工作机制，开展综合治理。

公安机关牵头负责反电信网络诈骗工作，金融、电信、网信、市场监管等有关部门依照职责履行监管主体责任，负责本行业领域反电信网络诈骗工作。

人民法院、人民检察院发挥审判、检察职能作用，依法防范、惩治电信网络诈骗活动。

电信业务经营者、银行业金融机构、非银行支付机构、互联网服务提供者承担风险防控责任，建立反电信网络诈骗内部控制机制和安全责任制度，加强新业务涉诈风险安全评估。

知识点：明确了各级主体责任

通过明确主体责任，充分发挥各级主体在打击治理工作中的重要作用。国务院建立反电诈工作机制，统筹协调打击治理工作；地方各级人民政府组织领导本行政区域内反电诈工作；公安机关牵头负责组织协调反电诈工作；金融、电信、网信、市场监管等有关部门依照职责履行监管主体责任，负责本行业领域反电诈工作；人民法院、人民检察院发挥审判、检察职能作用，依法防范、惩治电信网络诈骗活动；电信业务经营者、银行业金融机构、非银行支付机构、互联网服务提供者承担风险防控责任，建立反电诈内部控制机制和安全责任制度。

第七条 【协作协同】有关部门、单位在反电信网络诈骗工作中应当密切协作，实现跨行业、跨地域协同配合、快速联动，加强专业队伍建设，有效打击治理电信网络诈骗活动。

知识点：构建了严密防范体系

强化技术反制，推进样本信息数据共享，建立对涉诈网站、App（应用程序）及诈骗电话、诈骗短信等的监测识别、动态封堵和处置机制（第三十二条第二款）；强化预警劝阻，不断提升预警信息监测发现能力，及时发现潜在受害群众，采取劝阻措施（第三十四条）；强化宣传教育，建立全方位、广覆盖的反诈宣传教育体系，开展防范电信网络诈骗违法犯罪知识进学校、进企业、进社区、进农村、进家庭活动，形成全社会反诈的浓厚氛围（第八条第二款）。

第八条 【反诈宣传义务主体】各级人民政府和有关部门应当加强反电信网络诈骗宣传，普及相关法律和知识，提高公众对各类电信网络诈骗方式的防骗意识和识骗能力。

教育行政、市场监管、民政等有关部门和村民委员会、居民委员会，应当结合电信网络诈骗受害群体的分布等特征，加强对老年人、青少年等群体的宣传教育，增强反电信网络诈骗宣传教育的针对性、精准性，开展反电信网络诈骗宣传教育进学校、进企业、进社区、进农村、进家庭等活动。

各单位应当加强内部防范电信网络诈骗工作，对工作人员开展防范电信网络诈骗教育；个人应当加强电信网络诈骗防范意识。单位、个人应当协助、配合有关部门依照本法规定开展反电信网络诈骗工作。

知识点：扩大了反诈宣传义务主体

明确各地要建立全方位、广覆盖的反诈宣传教育体系，形成全社会反诈的浓厚氛围。地方各级人民政府和有关部门应当加强反电诈宣传，普及法律知识；教育行政、市场监管、民政等有关部门和村委会、居委会应当开展反电诈宣传教育防范进学校、进企业、进社区、进农村、进家庭等活动；各单位应当对工作人员开展防范电信网络诈骗教育；个人应当加强反电诈防范意识。加强对老年人、青少年等群体的宣传教育，增强反电信网络诈骗宣传教育的针对性、精准性。

案例 1

张某、易某等人通过购买使用明星真实名字作为昵称、明星本人照片作为头像的QQ号的方式组织了多个“明星粉丝QQ群”，并在群里虚构自己系明星本人的身份。张某添加被害人刘某（女，13岁，初中生）为好友，并以给其网上投票为由，将拟骗取转账金额人民10099元谎称为“投票编码”，向刘某发送实为收款二维码的投票二维码，诱骗刘某使用其母微信账号扫描该二维码，输入“投票编码”后完成所谓的“投票”，实则进行资金转账。在刘某发现钱款被转走要求退款时，张某又继续欺骗刘某，称添加“退款客服”后可退款。刘某添加“退款客服”为好友后，易某随即谎称需要继续投票才能退款，再次诱骗刘某通过其母支付宝扫码转账人民币1万余元。经查，被告人张某、易某等人通过上述手段骗取5名被害人钱款共计人民币9万余元。其中，4名被害人系未成年人。

经法院审理，张某、易某等人犯诈骗罪，被判处有期徒刑三年至四年六个月不等，并处罚金人民币一万元至三万元不等。

评析

有些未成年人沉溺于集资为明星投票“打榜”、购买明星代言产品等行为。一些犯罪分子盯住未成年人社会经验少、防范意识差、盲目追星等弱点，以助力明星为幌子实施的诈骗犯罪时有发生，不仅给其家庭造成经济损失，也使未成年人产生了心理阴影。应引导未成年人自觉抵制不良“饭圈”文化影响，理性对待明星打赏活动，切实增强网络防范意识，防止被诱导参加所谓的应援集资，落入诈骗陷阱。

第二章 电信治理

第九条 【电话用户真实身份信息登记制度】电信业务经营者应当依法全面落实电话用户真实身份信息登记制度。

基础电信企业和移动通信转售企业应当承担对代理商落实电话用户实名制管理责任，在协议中明确代理商实名制登记的责任和有关违约处置措施。

第十条 【电话用户开卡数量核验机制和风险信息共享机制】办理电话卡不得超出国家有关规定限制的数量。

对经识别存在异常办卡情形的，电信业务经营者有权加强核查或者拒绝办卡。具体识别办法由国务院电信主管部门制定。

国务院电信主管部门组织建立电话用户开卡数量核验机制和风险信息共享机制，并为用户查询名下电话卡信息提供便捷渠道。

案例 2

胡某某等人违规获取办卡权限，以给工地务工人员等办理手机卡为名，编造人脸识别未通过等理由，在他人不知情的情况下，多次拍照采集他人身份信息，共批量办理 1000 余张实名制手机卡，上述手机卡后被用于电信网络诈骗犯罪，涉诈金额共计人民币 170 余万元。而且胡某某明知手机卡可能被用于电信网络诈骗犯罪仍予以出售谋利，涉诈金额共计人民币 1000 余万元。

经法院审理，胡某某等人犯帮助信息网络犯罪活动罪、侵犯公民个人信息罪，被判处有期徒刑九个月至四年不等，并处相应罚金。

评析

本案系一起涵盖“地推”开卡、贩卡人员的链条化帮助信息网络犯罪案件。近年来，涉“两卡”黑灰产业为电信网络诈骗犯罪推波助澜，成为电信网络诈骗犯罪屡打不绝的“帮凶”。本案的涉案人数众多、层级分明、分工明确，非法获取他人身份信息，办理实名制手机号码并出售给电信网络诈骗犯罪分子，帮助其实施电信网络诈骗犯罪。

第十一条 【涉诈异常电话卡用户核验措施】电信业务经营者对监测识别的涉诈异常电话卡用户应当重新进行实名核验，根据风险等级采取有区别的、相应的核验措施。对未按规定核验或者核验未通过的，电信业务经营者可以限制、暂停有关电话卡功能。

第十二条 【物联网卡用户风险评估制度】电信业务经营者建立物联网卡用户风险评估制度，评估未通过的，不得向其销售物联网卡；严格登记物联网卡用户身份信息；采取有效技术措施限定物联网卡开通功能、使用场景和适用设备。

单位用户从电信业务经营者购买物联网卡再将载有物联网卡的设备销售给其他用户的，应当核验和登记用户身份信息，并将销量、存量及用户实名信息传送给号码归属的电信业务经营者。

电信业务经营者对物联网卡的使用建立监测预警机制。对存在异常使用情形的，应当采取暂停服务、重新核验身份和使用场景或者其他合同约定的处置措施。

第十三条【规范真实主叫号码传送和电信线路出租】电信业务经营者应当规范真实主叫号码传送和电信线路出租，对改号电话进行封堵拦截和溯源核查。

电信业务经营者应当严格规范国际通信业务出入口局主叫号码传送，真实、准确向用户提示来电号码所属国家或者地区，对网内和网间虚假主叫、不规范主叫进行识别、拦截。

第十四条【禁止非法制造、销售、提供或者使用的设备、软件】任何单位和个人不得非法制造、买卖、提供或者使用下列设备、软件：

（一）电话卡批量插入设备；

（二）具有改变主叫号码、虚拟拨号、互联网电话违规接入公用电信网络等功能的设备、软件；

（三）批量账号、网络地址自动切换系统，批量接收提供短信验证、语音验证的平台；

（四）其他用于实施电信网络诈骗等违法犯罪的设备、软件。

电信业务经营者、互联网服务提供者应当采取技术措施，及时识别、阻断前款规定的非法设备、软件接入网络，并向公安机关和相关行业主管部门报告。

第三章　金融治理

第十五条 【客户尽职调查制度】银行业金融机构、非银行支付机构为客户开立银行账户、支付账户及提供支付结算服务，和与客户业务关系存续期间，应当建立客户尽职调查制度，依法识别受益所有人，采取相应风险管理措施，防范银行账户、支付账户等被用于电信网络诈骗活动。

第十六条 【跨机构开户数量核验机制和风险信息共享机制】开立银行账户、支付账户不得超出国家有关规定限制的数量。

对经识别存在异常开户情形的，银行业金融机构、非银行支付机构有权加强核查或者拒绝开户。

中国人民银行、国务院银行业监督管理机构组织有关清算机构建立跨机构开户数量核验机制和风险信息共享机制，并为客户提供查询名下银行账户、支付账户的便捷渠道。银行业金融机构、非银行支付机构应当按照国家有关规定提供开户情况和有关风险信息。相关信息不得用于反电信网络诈骗以外的其他用途。

第十七条 【企业账户异常情形风险防控机制及信息

共享查询系统】银行业金融机构、非银行支付机构应当建立开立企业账户异常情形的风险防控机制。金融、电信、市场监管、税务等有关部门建立开立企业账户相关信息共享查询系统，提供联网核查服务。

市场主体登记机关应当依法对企业实名登记履行身份信息核验职责；依照规定对登记事项进行监督检查，对可能存在虚假登记、涉诈异常的企业重点监督检查，依法撤销登记的，依照前款的规定及时共享信息；为银行业金融机构、非银行支付机构进行客户尽职调查和依法识别受益所有人提供便利。

第十八条 【异常账户和可疑交易监测】银行业金融机构、非银行支付机构应当对银行账户、支付账户及支付结算服务加强监测，建立完善符合电信网络诈骗活动特征的异常账户和可疑交易监测机制。

中国人民银行统筹建立跨银行业金融机构、非银行支付机构的反洗钱统一监测系统，会同国务院公安部门完善与电信网络诈骗犯罪资金流转特点相适应的反洗钱可疑交易报告制度。

对监测识别的异常账户和可疑交易，银行业金融机构、非银行支付机构应当根据风险情况，采取核实交易情况、重新核验身份、延迟支付结算、限制或者中止有关业务等必要的防范措施。

银行业金融机构、非银行支付机构依照第一款规定开展异常账户和可疑交易监测时，可以收集异常客户互联网协议地址、网卡地址、支付受理终端信息等必要的交易信息、设备位置信息。上述信息未经客户授权，不得用于反电信网络诈骗以外的其他用途。

知识点：加强对涉电信网络诈骗洗钱监测

本法严厉打击为实施电信网络诈骗违法犯罪提供转账洗钱行为的幕后组织者、出资人、策划者。中国人民银行统筹建立跨银行业金融机构、非银行支付机构的反洗钱统一监测系统，会同国务院公安部门完善与电信网络诈骗犯罪资金流转特点相适应的反洗钱可疑交易报告制度（第十八条第二款）。

第十九条 【银行业金融机构、非银行支付机构的交易信息保证责任】银行业金融机构、非银行支付机构应当按照国家有关规定，完整、准确传输直接提供商品或者服务的商户名称、收付款客户名称及账号等交易信息，保证交易信息的真实、完整和支付全流程中的一致性。

知识点：进一步拓展涉电信网络诈骗“资金链”治理

本法将涉诈监测治理对象的范围由银行账户、支付账户扩展到支付工具和支付服务（第十五条）；规定中国人民银行、国务院银行业监督管理机构组织有关清算机构建立跨机构开户数量核验机制和风险信息共享机制，并为客户提供查询名下银行账户、支付账户的便捷渠道（第十六条第三款）；为保障监测识别异常账户、可疑交易的有效性，明确金融机构可依法收集必要的交易和设备位置信息（第十八条第四款）；规定银行业金融机构、非银行支付机构应当依照规定完整、准确传输有关交易信息（第十九条），防范电信网络诈骗分子借此洗钱。

第二十条 【涉案资金即时查询、紧急止付、快速冻结、及时解冻和资金返还制度】国务院公安部门会同有关部门建立完善电信网络诈骗涉案资金即时查询、紧急止付、快速冻结、及时解冻和资金返还制度，明确有关条件、程序和救济措施。

公安机关依法决定采取上述措施的，银行业金融机构、非银行支付机构应当予以配合。

第四章 互联网治理

第二十一条【互联网用户真实身份信息提供义务】 电信业务经营者、互联网服务提供者为用户提供下列服务，在与用户签订协议或者确认提供服务时，应当依法要求用户提供真实身份信息，用户不提供真实身份信息的，不得提供服务：

（一）提供互联网接入服务；

（二）提供网络代理等网络地址转换服务；

（三）提供互联网域名注册、服务器托管、空间租用、云服务、内容分发服务；

（四）提供信息、软件发布服务，或者提供即时通讯、网络交易、网络游戏、网络直播发布、广告推广服务。

案例 3

魏某伙同李某经事先商议，决定采用虚构单身母亲形象，以交友名义在社交软件上寻找男网友，后谎称过生日想要鲜花、蛋糕等，将男网友诱骗至李某等人运营的虚构花店内下单的方式实施诈骗，并约定男网友下单支付金额由李某、魏某按比例分成。其间，魏某、李某先后招揽多人使用上述方式实施诈骗。截至案发，魏某、李某等人共计诈骗500余名被害人，犯罪数额分别达7000余元至13万余元不等。

人民法院经审理，以诈骗罪分别判处8名被告人有期徒刑七个月至三年六个月不等的刑罚，并处罚金。

评析

以婚恋交友为名的诈骗手段翻新较快，不仅有“酒托”“茶托”等，现在又出现了“花托”，本案中虚构的花店只需通过线上联系后即可下订单，系典型的电信网络诈骗。虽然人均被骗的金额并不高，但被骗人数较多，显然迷惑性极强。婚恋网站、交友软件上的人员鱼龙混杂，选择相亲对象时，要谨防套路。如本案中的“单身母亲”形象容易博取同情心，让人放松警惕，因此，大家要理性辨识网络虚拟用户的身份信息，并且更审慎地处理经济往来问题。

案例4

林某成立了某传播文化有限公司并分设三个工作点。每个工作点设置总监、艺人经理（推手）、艺人助理（引流人员）、艺人（主播）、人事等岗位，每个工作点由总监负责，每名艺人经理带领一个团队，由一名主播及若干艺人助理组成，并由人事负责招聘，结算工资。艺人助理负责冒充女主播身份在婚恋网站上添加被害人微信好友，与被害人聊天，并让被害人下载注册视频直播 App 看主播直播、刷礼物，艺人助理骗取被害人首次充值后，将被害人推给艺人经理。艺人经理继续与被害人聊天，其间通过主播与被害人语音、视频、见面等方式继续骗取被害人信任，又虚构刷礼物、冲榜单、完成任务后会以和被害人“奔现”等理由，诱使被害人进一步充值打赏。经查明，该公司经营期间，被告人林某等人累计诈骗被害人 324 万余元。

经法院审理，以诈骗罪分别判处 17 名被告人有期徒刑一年至十二年六个月不等的刑罚，并处罚金。

评析

本案犯罪团伙分工明确，且深谙被害人心理，不仅有专门的话术引诱被害人与其建立暧昧关系，还会根据被害人所说的城市修改定位，以“奔现”为诱饵要求其刷价值不菲的礼物、冲榜等。对直播乱象不可姑息，网络直播经营者必须增强法治意识，恪守法律底线。直播观看者要谨慎对待网络世界，增强甄别能力，切莫盲目追捧“主播”。

第二十二条【涉诈异常账号的检验与处置措施】互联网服务提供者对监测识别的涉诈异常账号应当重新核验，根据国家有关规定采取限制功能、暂停服务等处置措施。

互联网服务提供者应当根据公安机关、电信主管部门要求，对涉案电话卡、涉诈异常电话卡所关联注册的有关互联网账号进行核验，根据风险情况，采取限期改正、限制功能、暂停使用、关闭账号、禁止重新注册等处置措施。

案例 5

林某、江某等人受招募先后前往某国，参加吴某等人组织的针对中国公民进行电信网络诈骗的犯罪集团。该诈骗集团组织严密，成员分工明确，相互配合。其中从事一线接打电话工作的被告人柯某等人冒充“医保局”“社保局”“移动通信运营商”等单位的工作人员，谎称被害人的医保、社保账户或移动通信号码存在涉嫌违法犯罪的事实，趁机从被害人处套取更多个人信息，并以帮忙转接公安机关为由诱骗被害人与“二线”人员联系。从事“二线”接打电话的郑某等人冒充公安机关执法人员，谎称被害人已涉嫌违法犯罪，进一步套取被害人的家庭情况、资金情况、行踪轨迹等多方位个人信息，辅以虚假的“逮捕令”等道具，骗取被害人信任，之后诱骗被害人与“三线”人员联系。从事“三线”接打电话的被告人林某等人冒充检察机关执法办案人员，并利用一、二线人员对被害人形成的错误认识，以要对被害人资金流向进行调查或者要求被害人交纳保证金为由，采用让被害人将钱款转入或者直接存入指定账户等方式，骗取被害人钱款。其间，该犯罪集团先后骗取全国各地多名被害人钱款共计439万余元。

经法院审理，以诈骗罪分别判处13名被告人有期徒刑四年至九年不等的刑罚，并处罚金。

评析

公检法机关不会通过电话、微信、QQ办案，更不会使用语音或者视频聊天软件进行保密询问；并且根本不存在所谓的调查账户、安全账户。大家既不要轻易把银行卡验证码、密码以及其他个人信息告诉他人，也不要随意点击、转发未知号码或陌生链接，更不要把钱汇入任何陌生账户。另，大家可及时下载安装国家反诈中心App，不断加强和提高自身反诈意识和能力。

第二十三条 【应用程序许可（备案）及监测处置】设立移动互联网应用程序应当按照国家有关规定向电信主管部门办理许可或者备案手续。

为应用程序提供封装、分发服务的，应当登记并核验应用程序开发运营者的真实身份信息，核验应用程序的功能、用途。

公安、电信、网信等部门和电信业务经营者、互联网服务提供者应当加强对分发平台以外途径下载传播的涉诈应用程序重点监测、及时处置。

第二十四条 【域名解析、域名跳转、网址链接转换服务规定】提供域名解析、域名跳转、网址链接转换服务的，应当按照国家有关规定，核验域名注册、解析信息和互联网协议地址的真实性、准确性，规范域名跳转，记录并留存所提供相应服务的日志信息，支持实现对解析、跳转、转换记录的溯源。

第二十五条 【禁止为他人实施电信网络诈骗提供支持或者帮助】任何单位和个人不得为他人实施电信网络诈骗活动提供下列支持或者帮助：

（一）出售、提供个人信息；

（二）帮助他人通过虚拟货币交易等方式洗钱；

（三）其他为电信网络诈骗活动提供支持或者帮助的行为。

电信业务经营者、互联网服务提供者应当依照国家有关规定，履行合理注意义务，对利用下列业务从事涉诈支持、帮助活动进行监测识别和处置：

（一）提供互联网接入、服务器托管、网络存储、通讯传输、线路出租、域名解析等网络资源服务；

（二）提供信息发布或者搜索、广告推广、引流推广等网络推广服务；

（三）提供应用程序、网站等网络技术、产品的制作、维护服务；

（四）提供支付结算服务。

案例 6

魏某、罗某等人在黄某的纠集下，集中在某国首都某市，以投资区块链、欧洲平均工业指数为幌子，搭建虚假的交易平台，冒充专业指导老师诱使被害人在平台上开设账户并充值，被害人所充值钱款流入该团伙实际控制的对公账户。之后，黄某等人又通过事先掌握的虚拟货币或者欧洲平均工业指数走势，诱使被害人反向操作，制造被害人亏损假象，并在被害人向平台申请出款时，以各种事由推诿，非法占有被害人钱款，谋取非法利益。

在黄某组织策划下，魏某、罗某等担任团队经理负责各自团队的日常运营；组织多人分别担任业务组长、业务员具体实施诈骗活动。该团伙为躲避追查，以2至3个月为一个作案周期，共涉及700余名被害人，涉案金额达人民币1.2亿余元。

评析

跨境电信网络诈骗集团案件高发，犯罪分子往往多国流窜作案，多地协同实施，手段不断翻新，严重危害人民群众财产安全和社会安定。虚拟货币具有匿名性、去中心化等特征。随着资金监管的日趋严格，电信网络诈骗犯罪分子为了逃避打击、隐匿赃款去向，开始利用虚拟货币交易等方式“洗白”赃款，通过增加资金流转环节、拆解并混同资金、制造交易假象等方式，隐藏真实身份，阻碍司法机关追查。

第二十六条 【调取证据的技术支持和协助】 公安机关办理电信网络诈骗案件依法调取证据的，互联网服务提供者应当及时提供技术支持和协助。

互联网服务提供者依照本法规定对有关涉诈信息、活动进行监测时，发现涉诈违法犯罪线索、风险信息的，应当依照国家有关规定，根据涉诈风险类型、程度情况移送公安、金融、电信、网信等部门。有关部门应当建立完善反馈机制，将相关情况及时告知移送单位。

第五章　综合措施

第二十七条 【打击治理工作机制】 公安机关应当建立完善打击治理电信网络诈骗工作机制，加强专门队伍和专业技术建设，各警种、各地公安机关应当密切配合，依法有效惩处电信网络诈骗活动。

公安机关接到电信网络诈骗活动的报案或者发现电信网络诈骗活动，应当依照《中华人民共和国刑事诉讼法》的规定立案侦查。

第二十八条 【金融、电信、网信部门监督检查职责】 金融、电信、网信部门依照职责对银行业金融机构、非银行支付机构、电信业务经营者、互联网服务提供者落实本法规定情况进行监督检查。有关监督检查活动应当依法规范开展。

第二十九条 【个人信息保护职责】个人信息处理者应当依照《中华人民共和国个人信息保护法》等法律规定，规范个人信息处理，加强个人信息保护，建立个人信息被用于电信网络诈骗的防范机制。

履行个人信息保护职责的部门、单位对可能被电信网络诈骗利用的物流信息、交易信息、贷款信息、医疗信息、婚介信息等实施重点保护。公安机关办理电信网络诈骗案件，应当同时查证犯罪所利用的个人信息来源，依法追究相关人员和单位责任。

第三十条 【反（防）电信网络诈骗的提示、警示与宣传教育】电信业务经营者、银行业金融机构、非银行支付机构、互联网服务提供者应当对从业人员和用户开展反电信网络诈骗宣传，在有关业务活动中对防范电信网络诈骗作出提示，对本领域新出现的电信网络诈骗手段及时向用户作出提醒，对非法买卖、出租、出借本人有关卡、账户、账号等被用于电信网络诈骗的法律责任作出警示。

新闻、广播、电视、文化、互联网信息服务等单位，应当面向社会有针对性地开展反电信网络诈骗宣传教育。

任何单位和个人有权举报电信网络诈骗活动，有关部门应当依法及时处理，对提供有效信息的举报人依照规定给予奖励和保护。

知识点：反（防）电信网络诈骗提示、警示的要求

本法从强化技术反制、预警劝阻、宣传教育等方面，全面落实“防范为先”的理念。其中，还明确规定电信业务经营者、银行业金融机构、非银行支付机构、互联网服务提供者应当对从业人员和用户开展反电信网络诈骗宣传，在有关业务活动中对防范电信网络诈骗作出提示，对非法买卖、出租、出借本人有关卡、账户、账号等被用于电信网络诈骗的法律责任作出警示。

第三十一条【信息记录及申诉、救济制度】任何单位和个人不得非法买卖、出租、出借电话卡、物联网卡、电信线路、短信端口、银行账户、支付账户、互联网账号等，不得提供实名核验帮助；不得假冒他人身份或者虚构代理关系开立上述卡、账户、账号等。

对经设区的市级以上公安机关认定的实施前款行为的单位、个人和相关组织者，以及因从事电信网络诈骗活动或者关联犯罪受过刑事处罚的人员，可以按照国家有关规定记入信用记录，采取限制其有关卡、账户、账号等功能和停止非柜面业务、暂停新业务、限制入网等措施。对上述认定和措施有异议的，可以提出申诉，有关部门应当建立健全申诉渠道、信用修复和救济制度。具体办法由国务院公安部门会同有关主管部门规定。

第三十二条 【反制技术措施建设】国家支持电信业务经营者、银行业金融机构、非银行支付机构、互联网服务提供者研究开发有关电信网络诈骗反制技术，用于监测识别、动态封堵和处置涉诈异常信息、活动。

国务院公安部门、金融管理部门、电信主管部门和国家网信部门等应当统筹负责本行业领域反制技术措施建设，推进涉电信网络诈骗样本信息数据共享，加强涉诈用户信息交叉核验，建立有关涉诈异常信息、活动的监测识别、动态封堵和处置机制。

依据本法第十一条、第十二条、第十八条、第二十二条和前款规定，对涉诈异常情形采取限制、暂停服务等处置措施的，应当告知处置原因、救济渠道及需要提交的资料等事项，被处置对象可以向作出决定或者采取措施的部门、单位提出申诉。作出决定的部门、单位应当建立完善申诉渠道，及时受理申诉并核查，核查通过的，应当即时解除有关措施。

知识点：加强了技术反制措施的运用

强化金融、电信、互联网等行业主管部门的技术反制和预警监测能力，通过建立健全安全评估、责任追究、信用惩戒等制度，进一步明确金融、电信、互联网行业的监管责任，推动相关行业强化源头治理。电信业务经营者、银行业金融机构、非银行支付机构、互联网服务提供者研究开发有关电信网络诈骗技术反制措施，用于监测识别、动态封堵和处置涉诈信息、活动；国务院公安部门、金融管理部门、电信主管部门和国家网信部门等应当统筹负责本行业领域反制技术措施建设，推进涉电信网络诈骗样本信息数据共享，建立有关涉诈信息、活动的监测识别、动态封堵和处置机制。

第三十三条 【网络身份认证公共服务建设】国家推进网络身份认证公共服务建设，支持个人、企业自愿使用，电信业务经营者、银行业金融机构、非银行支付机构、互联网服务提供者对存在涉诈异常的电话卡、银行账户、支付账户、互联网账号，可以通过国家网络身份认证公共服务对用户身份重新进行核验。

第三十四条 【预警劝阻系统】公安机关应当会同金融、电信、网信部门组织银行业金融机构、非银行支付机构、电信业务经营者、互联网服务提供者等建立预警劝阻系统，对预警发现的潜在被害人，根据情况及时采取相应劝阻措施。对电信网络诈骗案件应当加强追赃挽损，完善涉案资金处置制度，及时返还被害人的合法财产。对遭受重大生活困难的被害人，符合国家有关救助条件的，有关方面依照规定给予救助。

案例 7

刘某某、邴某某、潘某某在多地运营提供短信群发服务的“信息营销平台”，明知他人从事电信网络诈骗等违法犯罪活动，仍为其提供跨境短信群发服务。三人为了规避监管，非法租用境外短信通道，使用繁体字、变体字、“火星文”、短网址作为短信内容，向境内外发送大量涉诈短信。

经法院审理，刘某某、邴某某、潘某某犯帮助信息网络犯罪活动罪被判处有期徒刑一年至一年四个月不等，并处罚金人民币一万元。

评析

本案系一起为电信网络诈骗犯罪提供信息通道服务的帮助信息网络犯罪案件。犯罪分子在通知类短信号段中掺杂涉诈信息，对信息接收者的迷惑性显著增强，最终实现骗取被害人钱款的目的。检察机关通过分析海量电子数据，挖掘出犯罪嫌疑人的沟通联络情况、非法营收情况等关键信息。同时，积极运用认罪认罚从宽制度开展追赃挽损工作，促成犯罪嫌疑人认罪认罚并退缴违法所得，彰显了全链条打击电信网络犯罪、全力追赃挽损的决心。

第三十五条 【特定地区临时风险防范措施】 经国务院反电信网络诈骗工作机制决定或者批准，公安、金融、电信等部门对电信网络诈骗活动严重的特定地区，可以依照国家有关规定采取必要的临时风险防范措施。

第三十六条 【出境限制】 对前往电信网络诈骗活动严重地区的人员，出境活动存在重大涉电信网络诈骗活动嫌疑的，移民管理机构可以决定不准其出境。

因从事电信网络诈骗活动受过刑事处罚的人员，设区的市级以上公安机关可以根据犯罪情况和预防再犯罪的需要，决定自处罚完毕之日起六个月至三年以内不准其出境，并通知移民管理机构执行。

第三十七条 【国际执法司法合作】国务院公安部门等会同外交部门加强国际执法司法合作，与有关国家、地区、国际组织建立有效合作机制，通过开展国际警务合作等方式，提升在信息交流、调查取证、侦查抓捕、追赃挽损等方面的合作水平，有效打击遏制跨境电信网络诈骗活动。

案例 8

潘某某组织吴某某、陈某某等人结伙从我国境内偷渡至某国。吴某某、陈某某等人在该国加入电信网络诈骗犯罪集团，在他人的组织指挥下，以“杀猪盘”方式针对境内中国公民实施诈骗。吴某某等人通过即时聊天工具，打造成功人士身份，以发展男女朋友关系为名，利用虚拟网络平台诱骗被害人投资，在兑现初期小额投资回报诱骗被害人进行大额投资后，通过关闭平台并停止返款的方式骗取被害人钱款。经查，上述被告人以该方式先后骗取30余名被害人钱款共计人民币130余万元。

经法院审理，吴某某、陈某某等人犯诈骗罪、组织他人偷越国境罪、偷越国境罪，被判处有期徒刑三年至七年不等，部分被告人适用缓刑，并处相应罚金。

评析

本案系以“杀猪盘”方式实施的跨境电信网络诈骗犯罪案件。“杀猪盘”是指犯罪分子利用网络交友，诱导被害人在诈骗平台进行投资（或赌博）的诈骗方式。本案犯罪分子人数众多，组织严密、分工明确、手段成熟，按照塑造“人设”、套取信息、发展感情、了解需求、推荐投资、引诱投资、切断联系的“七步走”方式进行诈骗，形成了完整严密的诈骗流程，给全国各地多名被害人造成了财产损失。对于他人推荐、诱导下进行的投资，务必谨慎，防范受诈骗的风险。

第六章　法律责任

第三十八条【组织、策划、实施、参与电信网络诈骗活动及提供帮助的法律责任】组织、策划、实施、参与电信网络诈骗活动或者为电信网络诈骗活动提供帮助，构成犯罪的，依法追究刑事责任。

前款行为尚不构成犯罪的，由公安机关处十日以上十五日以下拘留；没收违法所得，处违法所得一倍以上十倍以下罚款，没有违法所得或者违法所得不足一万元的，处十万元以下罚款。

知识点：加大了对违法行为的惩处力度

电信业务经营者、银行业金融机构、非银行支付机构、互联网服务提供者违反本法规定，存在未建立健全反电信网络诈骗内部控制机制或者未有效落实机制，经有关主管部门提出整改要求拒不整改等情形，且情节严重的，可处以吊销相关业务许可证或者吊销营业执照。对实施非法买卖、出租、出借电话卡、物联网卡、电信线路、短信端口、银行账户、支付账户、互联网账号，提供实名核验帮助，假冒他人身份或者虚构代理关系开立上述卡、账户、账号的单位、个人和相关组织者，以及因从事电信网络诈骗活动或者关联犯罪受过刑事处罚的人员，可以按照国家有关规定记入信用记录（第三十一条）。

第三十九条 【电信业务经营者违反电信治理规定的法律责任】电信业务经营者违反本法规定，有下列情形之一的，由有关主管部门责令改正，情节较轻的，给予警告、通报批评，或者处五万元以上五十万元以下罚款；情节严重的，处五十万元以上五百万元以下罚款，并可以由有关主管部门责令暂停相关业务、停业整顿、吊销相关业务许可证或者吊销营业执照，对其直接负责的主管人员和其他直接责任人员，处一万元以上二十万元以下罚款：

（一）未落实国家有关规定确定的反电信网络诈骗内部控制机制的；

（二）未履行电话卡、物联网卡实名制登记职责的；

（三）未履行对电话卡、物联网卡的监测识别、监测预警和相关处置职责的；

（四）未对物联网卡用户进行风险评估，或者未限定物联网卡的开通功能、使用场景和适用设备的；

（五）未采取措施对改号电话、虚假主叫或者具有相应功能的非法设备进行监测处置的。

第四十条 【银行业金融机构、非银行支付机构违反金融治理规定的法律责任】银行业金融机构、非银行支付机构违反本法规定，有下列情形之一的，由有关主管部门责令改正，情节较轻的，给予警告、通报批评，或者处五万元以上五十万元以下罚款；情节严重的，处五十万元以上五百万元以下罚款，并可以由有关主管部门责令停止新增业务、缩减业务类型或者业务范围、暂停相关业务、停业整顿、吊销相关业务许可证或者吊销营业执照，对其直接负责的主管人员和其他直接责任人员，处一万元以上二十万元以下罚款：

（一）未落实国家有关规定确定的反电信网络诈骗内

部控制机制的；

（二）未履行尽职调查义务和有关风险管理措施的；

（三）未履行对异常账户、可疑交易的风险监测和相关处置义务的；

（四）未按照规定完整、准确传输有关交易信息的。

第四十一条 【电信业务经营者、互联网服务提供者违反互联网治理规定的法律责任】电信业务经营者、互联网服务提供者违反本法规定，有下列情形之一的，由有关主管部门责令改正，情节较轻的，给予警告、通报批评，或者处五万元以上五十万元以下罚款；情节严重的，处五十万元以上五百万元以下罚款，并可以由有关主管部门责令暂停相关业务、停业整顿、关闭网站或者应用程序、吊销相关业务许可证或者吊销营业执照，对其直接负责的主管人员和其他直接责任人员，处一万元以上二十万元以下罚款：

（一）未落实国家有关规定确定的反电信网络诈骗内部控制机制的；

（二）未履行网络服务实名制职责，或者未对涉案、涉诈电话卡关联注册互联网账号进行核验的；

（三）未按照国家有关规定，核验域名注册、解析信息和互联网协议地址的真实性、准确性，规范域名跳转，或者记录并留存所提供相应服务的日志信息的；

（四）未登记核验移动互联网应用程序开发运营者的真实身份信息或者未核验应用程序的功能、用途，为其提供应用程序封装、分发服务的；

（五）未履行对涉诈互联网账号和应用程序，以及其他电信网络诈骗信息、活动的监测识别和处置义务的；

（六）拒不依法为查处电信网络诈骗犯罪提供技术支持和协助，或者未按规定移送有关违法犯罪线索、风险信息的。

第四十二条 【非法制造、销售、提供或者使用电信诈骗设备、软件或提供帮助的法律责任】违反本法第十四条、第二十五条第一款规定的，没收违法所得，由公安机关或者有关主管部门处违法所得一倍以上十倍以下罚款，没有违法所得或者违法所得不足五万元的，处五十万元以下罚款；情节严重的，由公安机关并处十五日以下拘留。

第四十三条 【电信业务经营者、互联网服务提供者进行监测识别和处置未尽到合理注意义务的法律责任】违反本法第二十五条第二款规定，由有关主管部门责令改正，情节较轻的，给予警告、通报批评，或者处五万元以上五十万元以下罚款；情节严重的，处五十万元以上五百万元以下罚款，并可以由有关主管部门责令暂停相关业务、停业整顿、关闭网站或者应用程序，对其直接负责的主管人员和其他直接责任人员，处一万元以上二十万元以下罚款。

第四十四条 【非法买卖、出租、出借电话卡、物联网卡、电信线路、短信端口、银行账户、支付账户、互联网账号等的法律责任】违反本法第三十一条第一款规定的，没收违法所得，由公安机关处违法所得一倍以上十倍以下罚款，没有违法所得或者违法所得不足二万元的，处二十万元以下罚款；情节严重的，并处十五日以下拘留。

第四十五条 【反电信网络诈骗工作人员违法责任】反电信网络诈骗工作有关部门、单位的工作人员滥用职权、玩忽职守、徇私舞弊，或者有其他违反本法规定行为，构成犯罪的，依法追究刑事责任。

第四十六条 【民事责任】组织、策划、实施、参与电信网络诈骗活动或者为电信网络诈骗活动提供相关帮助的违法犯罪人员，除依法承担刑事责任、行政责任以外，造成他人损害的，依照《中华人民共和国民法典》等法律的规定承担民事责任。

电信业务经营者、银行业金融机构、非银行支付机构、互联网服务提供者等违反本法规定，造成他人损害的，依照《中华人民共和国民法典》等法律的规定承担民事责任。

第四十七条 【公益诉讼】人民检察院在履行反电信网络诈骗职责中，对于侵害国家利益和社会公共利益的行为，可以依法向人民法院提起公益诉讼。

第四十八条 【行政复议与行政诉讼】有关单位和个人对依照本法作出的行政处罚和行政强制措施决定不服的，可以依法申请行政复议或者提起行政诉讼。

第七章 附 则

第四十九条 【法律适用】反电信网络诈骗工作涉及的有关管理和责任制度，本法没有规定的，适用《中华人民共和国网络安全法》《中华人民共和国个人信息保护法》《中华人民共和国反洗钱法》等相关法律规定。

第五十条 【施行日期】本法自 2022 年 12 月 1 日起施行。